T0381299

INSTAR

ANGEL SANTOS

AuthorHouse™
1663 Liberty Drive
Bloomington, IN 47403
www.authorhouse.com
Phone: 1 (800) 839-8640

Published by AuthorHouse 06/27/2018

ISBN: 978-1-5462-3758-7 (sc)
ISBN: 978-1-5462-3757-0 (e)

Library of Congress Control Number: 2018904418

Print information available on the last page.

Any people depicted in stock imagery provided by Getty Images are models,
and such images are being used for illustrative purposes only.
Certain stock imagery © Getty Images.

This book is printed on acid-free paper.

Because of the dynamic nature of the Internet, any web addresses or links contained in this book may have changed
since publication and may no longer be valid. The views expressed in this work are solely those of the author and do not
necessarily reflect the views of the publisher, and the publisher hereby disclaims any responsibility for them.

Contents

LARVÆ

Los poemas han sido liberados como aquellos simples pájaros a los que encontramos en nuestro diario vivir. Simples, humildes y sin afanes. Bastándose a cada momento entre el tiempo y el espacio, alimentándose de vida. Libres versos/vivencias que se expanden, encontrando en otras almas, su reverberancia. Es caminar, pues vas hacia adelante. Es la forma en que el autor refresca su espíritu según atraviesa sus instars, recordándonos que "navegamos a través", que caminamos, a veces acompañados, dejando un solo par de huellas sobre la arena. Caemos, nos levantamos, nos vestimos para salir a escena y nos desvestimos, mudando el pellejo-la quitina de las actitudes-vivimos, morimos, volvemos a vivir; traspasamos túneles oscuros y descubrimos a la nueva luz. Todo con la fortaleza del insecto. Desdoblamos las alas y viajamos con muchas posibles pausas mas no nos detenemos, como el Universo mismo, hasta siempre.

The poems have been unchained. Like those little birds we find unimportant and simple, ornaments on our daily life. They are self sufficient, without worries, they feed on life itself. These free verses broke the cocoon and by expanding themselves through space and time, will find among others, its reverberation.

They are as simple as walking. They are the honest way the author "resets" his spirit as passing through the instars. This reminds all of us that we are going through them too. We all molt, we undress-taking out our exoskeleton-the chitine of attitudes-we dress up again, we fall, we rise up, we tarnish and we recover our shine. By unfolding the wings, we travel swiftly going through life's many loops and pseudo-pauses, however, our journey has no end, even after death. We are: "Always", like the Universe.

SIN PALABRAS

El principio era el poema
Sólo poema.
Molécula gigante de gas en desorden
revoloteando mi ventana.

Y yo, larva de libélula fosforescente sobre la cama,
guardaba pensamientos bajo la almohada. Alucinaba.

Antes era la noche,
madre de la creación
creadora de mi pasión
historias en blanco y negro
la luz de los postes entre las hojas
danza de lunares sobre las cortinas del closet.

Y yo, con mi imaginación alada
Caballito de San Pedro desbocado
atrapado en la jaula de viento criatura de la noche
esculpía el pensamiento.
Antes era la noche
tenía miedo a dormir pues le
tenía terror a mis sueños
aún cuando me hallaba despierto.

WORDLESS

In the beginning,
there was a poem
A giant gas molecule
of disorderly atoms
fluttering at my window.

And I,
fluorescent naiad on the bed
collected thoughts under pillows, hallucinating.

Long ago,
there was the night
mother of creation creatress of my passion
stories in black and white
the light of lamp posts
leaped and danced over the closet curtains.

And I,
of winged imagination
a rampant dragonfly trapped in wind's cage
creature of the night
sculpting muses.

Long ago
there was the night
fearful of sleep I was,
too impressed by my dreams
even if I was awake.

ANTHROPOS

En el principio
Ya estaba la tierra.
Ya las tinieblas se habían apartado
de la faz del abismo.
Ya se habían separado las aguas de las aguas,
azul quimera que aún nos atrapa en su ensoñación coloidal.
Ya se había hecho la luz
y separado de las tinieblas.
El mar besaba a las montañas,
la tierra paría fruto.
Ya la luz del sol se apagaba,
y las tinieblas reinaban
fué un principio, sin testigos.

En el principio
eras mil veces menos que una gota de agua
colgando entre cielo y tierra.
No sabías lo que eras, sólo estabas, sólo eras.
Tu interior giraba con perfección
señoreabas sobre el planeta.
Atrapaste el primer aliento de vida cual burbuja el aire;
te movías sobre el $-\infty$
depositado sobre la Tierra por las invisibles manos de viento.
Fuiste uno, fuiste muchos
Padre y Madre de todo lo que se arrastra sobre la Tierra.

En el principio
abriste los ojos y hallaste un mundo
besaste la arena hermana de tus células
caminaste, buscaste al Sol
te sumergiste en el Agua

pisaste la Tierra.
Eternamente vislumbraste el horizonte,
respiraste y entonces comprendiste
cuando miraste hacia arriba.

Todo sucedió en el principio, se hizo el amor.

ANTHROPOS

In the beginning
Earth was already there
darkness parted the deepest voids
water split as plenty of blues
still cuddling us up
within its colloidal dreamful state,
Light shone, brightly
slashing out the dark, calling it night
while mountains were kissed by the sea
and fruit was born from the ground's womb
a beginning without witnesses.

In the beginning,
you were nanometers smaller than a dew drop
hanging between heaven and earth
didn't know what you were
just being, living,
your insides spun with perfection
owning all this
even in your sleep.
You landed softly as a bubble
with the gift of breath
moving within the -∞
mother and father
of all that crawls.

In the beginning,
you opened your eyes and found a world
grabbed the sand sister of your cells
stood on your feet
searched for the Sun

dived into water
rose and felt the dirt
eternally contemplated the horizon
breathed in
and realized, as you look above.

In the beginning everything happened
it was said
let there be love.

ANTHROPOS II

Él está ahí.
Quieto, sereno; en paz con las moléculas que le rodean.
Su cuerpo andrógino parece flotar sobre la Tierra infinita,
átomo disuelto en medio del espacio.
Su piel cobriza,
brilla sobre el crepúsculo.
Sus oídos puros escuchan la voz de las esporas asidas del viento
susurrándole el amor que penetra a su alma.
Sus labios perfectos exhalan el dióxido sublimado a sabiduría
y su mente andrógina diluída en el cosmos
se ve reflejada a través de sus pupilas,
repasando la vida,
desde el azul, célula preexistente
pasando por Egipto, Stonehenge y la Luna
desde las piedras hasta la cápsula.

ANTHROPOS II

He's there
quiet serene
at peace with every molecule surrounding him.
His androgynous body seems to hover
above an infinite earth,
a dissolving atom in the middle of space.
His copper skin
glistens in the twilight
his pure ears listen to the voice
of every spore held by the wind
whispering the love that penetrates his soul.
His perfect lips exhaled
the sublime dioxide turned into wisdom
and his androgynous mind
diluted in the cosmos
reflected on his pupils
reviewing life
from the blue pre-existing cell,
through Egypt, Stonehenge and the Moon
from stones to pod.

METAMORFOSIS

En el principio

sólo era el destello del pensamiento enamorado

que se volvió impulso

que se volvió trazo

que se volvió carne

habitando entre el

recorriendo el camino a ser

METAMORPHOSIS

In the beginning I was just the spark

of an in love thought

turned into an impulse

turned into a brush stroke

turned into flesh

weaving among the

flourishing to be

spirit

METAMORFOSIS II

Tengo cuerpo de insecto.
Con razón dicen que mi andar es liviano
que camino de puntas
que mi voz vaga junto al viento
y busco mi rostro sobre el agua.

Tengo cuerpo de insecto.
Por mi tronco rechoncho
mi cabeza pequeña
los brazos largos y asi mismo las piernas.
Pasan quince sentidos por mis miles de antenas
y mis ojos
traspasan sus estructuras externas.

Tengo cuerpo de insecto.
No hay aroma que mi nariz no huela
y sepan, que puedo inventarme
el camuflaje que yo quiera.

No tengo alas
Y hay quien dice por ahí: Ángel vuela.

METAMORPHOSIS II

I have the body of an insect,
so they say.
My walk is light,
on my tip toes
searching for myself, over the water's surface.

I have the body of an insect
rounded torso, small head
and the loooongest arms and legs.

Fifteen senses I dare to bare
externally and internally
I camouflage so I live
and die
and live again.

Wingless and flying Angel goes,
so they say.

AMATEUR

El silencio irrumpe en la noche,
tras el último tecleo, dedos apasionados,
ansiosos, cansados
y se detienen con el último suspiro   tictac
del viejo reloj suizo.
Tres de la mañana;
y se detiene una larga historia
sin fín ni pausa.
La ventana, abierta de par en par,
le ofrece el cosmos mono-habitado
por una estrella gigante.
Lo das todo por alcanzarla,
por llegar hasta ella en cuerpo y alma,
pero el reloj está detenido
y el silencio encendido
llenándolo todo con la inmensidad de su vacío.
Y la pasión muere,
cuando entra en razón
Sólo se ve el brillo de años luz
ojo luminoso y tintineante,
sarcasmo retador
verja eléctrica de espinas,
destello y nada más.
Y su mente iluminada,
pinta la emoción de su historia publicada,
rompiendo guardarrayas
hurgando al sol
Ícaro ha remontado hacia las neuronas
penetrando almas
a través del túnel del oído.
El reloj, ha vuelto a suspirar   tictac

17

tras lo vivido a párpados cerrados.
Las tres y uno en punto,
hora de descansar,
para continuar el vuelo
hacia esa estrella gigante,
que no dejaré esculpirse cual estatua de sal;
petrificada en la memoria.

AMATEUR

Silence disrupts tonight
A dotted line
Right after this passion
Avid and tired fingers stroked the keys
Stopping with the last breath of the old swiss clock   tictac

The wide opened window brings in the cosmos
A single giant star dwells
With body and soul we build the stairway made out of words
Music, ideas and Passion breed, generates
Creation reverberates
In a frenzy
While reason detain us
Just dazzled by that light years glow
A challenging sarcasm
breaking us like barbwire.
But within that light, hope brings our minds illumination
As we paint the emotion
Breaking boundaries, grazing suns
Reaching heights over the Wuthering skies
Bold as Icarus flying towards the neurons,
Penetrating the soul
By traveling through the ear canal

It is three o one
The clock came to breathe again   tictac
Awaken from the recollection with closed eyes,
Resting for now to continue the flight
To that giant star we will not let be petrified inside the mind.

ALADOS NOCTURNOS

Carpe
Carpe diem
Haz tu vida excepcional
susurra mi voz, como un espíritu a mi oído.
Y apareciste
de pronto,
sin pasado ni futuro
hermoso espectro de la noche
confundiéndose entre la bruma azul y rutilante,
astro sensual y brillante
escapado de la multitud que observa entre la oscuridad eterna.

Y ahora estás aquí,
despojándote de tus alas
mariposa dorada y omnisciente de mi mundo;
entrando en el
y yo entrando en tí,
penetrando a los oscuros abismos de nuestros ojos
hasta rendirnos uno al otro,
en nuestra pasión inusual
tú, mi alada nocturna;
yo, tu alado nocturno.

Esta noche te entrego todas las venas de mi cuerpo
en un abrazo, entrégame tus alas y hazme volar entre la eternidad
infundir tus sueños
osmosis de almas
amalgama con tu carne.

En la noche nuestros labios se acercan cada vez más
se unen nuestras células hermanas por un destino

mezclándose tu pureza y la mía
eres dueña de mis fantasías
llevándome a volar
tocando las estrellas
rozando con la luna
volando bajo las aguas
sumergidos en el menos infinito de nuestra divinidad
más allá del amor y de la muerte.

NIGHTWING

Carpe
Carpe diem
Make your life a remarkable one
said my inner voice, a spirit to my ear
And you appeared
suddenly,
without past or future
a beautiful nocturnal spectre
blending among the blue and shinning mist,
my sparkling and sensual star
escaped from the gazing multitude within the eternal darkness.
Now you are here,
disrobbing your wings
my omniscient golden butterfly
entering my world
as I enter in yours
by penetrating our eyes dark abbysses
surrending to each other
in our unusual passion.

Tonight I offer you all the veins of my body
let us infuse our dreams
in an embrace
an osmosis of souls
an amalgam of flesh

Tonight our lips are closer
our cells become one
your purity and mine
taking me to a flight among the stars
grazing the moon

traveling underwater
submerged under the minus infinite of our divinity
beyond love and death.

HILDA

El secreto salió disparado
a través de sus grandes y verdes ojos.
Su pelo, lo recuerdo como el sol
iluminando una verdad,
que al chocar con mi mente
abrió una benevolente grieta
y el nuevo conocimiento,
produjo una nueva amalgama
de números y numerales
girando hasta el estallido,
el destello integral en la cocción colorida del Universo,
viajando desde el índigo y regresando al verde de sus ojos que aún recuerdo:
"un número es una idea"
me parece escuchar su voz
como ahora o como siempre
y te lo agradezco: Hilda.

HILDA

The secret has been triggered like a shooting star
coming out through her big green eyes.
I remember her hair shinning like the sun
illuminating the truth
that collided with my mind
opening a benevolent crack.
This new knowledge
stirred a new amalgam of numbers and numerals
twisting until the explosion,
an integer glowing
within the colored concoction of the Universe,
traveling from the indigo and returning to the green of her eyes I still remember:
"a number is an idea"
I can still hear her voice
now and forever
I thank you always: Hilda.

DOS HOMBRES UN NOMBRE

Apóstoles del Arte, los llamo yo
y a través de sus trazos
me mostraron que la vida,
es un lienzo en blanco.

De rodillas he recibido
el toque de sus espadas multicolores,
como el Caballero que se recibe ante el Rey.

La pintura y las ideas
ruedan desde mi espalda hasta el alma.

Uno de ellos ya cerró sus ojos
mas se abrió haste el siempre, como una luz entre las esterllas.
El otro sigue iluminando al mundo desde el presente
y he tenido el honor de haberlos conocido:
Gabi y Gabriel.

A Gabi-Gabriel Reyes and Gabriel Cruz Artistas - Educadores

TWO MEN ONE NAME

Apostles of Art I call them
and through their brush strokes
they taught me that life
is a blank canvas.

By kneeling I received the adoubment of their multicolored swords,
like the Knight entitled by the King
Paint and the ideas
roll down from my shoulders towards the soul.

One of them already closed his eyes
but opened himself to the eternity
a light among the stars.
The other one keeps illuminating the world from the present
and I have the honor of knowing them:
Gabi and Gabriel.

To Gabi-Gabriel Reyes and Gabriel Cruz Artists, Teachers

OLGA Y MONTSE

Dos brujas blancas cabildeando,
conjurando bienaventuranzas.
Ambas han movido el caldo de palabras por muchos años,
y de seguro han repartido su sopa entre muchos.

He sido bendecido con sus cucharadas.

Ambas profetizaron
que algún día escribiría
y heme aquí,
destilando pequeñas gotas,
producto de su inmenso manantial
que fluye en la posteridad.

Y ante tanto dominio de la palabra;
de estar frente a mí
sólo podría decir: "Gracias",
por que ambas un día me llamaron: Poeta.

A la memoria de Olga Nolla y Ana María Montserrat Escritoras, Profesoras, Literatas

OLGA AND MONTSE

Two lobbying white witches
conjure beatitudes.
They have been moving the potion of words throughout the years,
and it is certain, that both had distribute their soup
among many of us.

I have been blessed with a couple of spoonfuls.

The two prophesied
that someday, I will be able to write, to concoct
and here I am
distilling little drops
product of their endless stream
that flows within eternity.

And bowing before that much dominion of the word;
I can only say: "Thank you",
because one day, they agreed to call me: Poet.

In memory of Olga Nolla and Ana María Montserrat Writers, Professors, Wordsmiths

DANCE

Hers is an elongated, stylish imposing figure.
Her presence is an african deity,
and is enough to illuminate
the countless mirrored studios of wooden floors
who's fibers retain the footprints of knowledge
and through kinetic sculpting
we, her students, contour the deep bass
jumping out from the drumbeats.

This is Art;
juxtaposed bodies
negative spaces,
visible and invisible waves
created via arabesques,
while she flutters,
drawing an asymmetric *Mundillo*
with the percussion pentagram,
healing voices; and pirouettes
whirling together, a wonderful zoetrope
still spinning in my mind
I won't forget what I've learned.

I found bliss on this.
I thank you, I admire you, I respect you: Beloved Myrna.

To Myrna Renaud, Coreographer, Teacher, Artist, Friend.

LA DANZA

Su figura alargada y estilizada se impone.
Su presencia, como una deidad africana, basta
para iluminar a los innumerables salones
con espejos, barras y pisos de madera,
cuyas fibras absorben
a las huellas de su conocimiento
y a través de la cinética
sus alumnos contornean
a las notas profundas
que saltan de los tambores.

Esto es plástica;
los cuerpos yuxtapuestos,
los espacios negativos,
las olas visibles e invisibles
producidas por los arabesques,
mientras ella agita sus alas,
dibujando un *Mundillo* asimétrico
con rl pentagrama de la percusión,
voces que sanan y piruetas
girando juntos, todos, en un maravilloso zoótropo
que no se detendrá,
por que lo que se aprende no se olvida.

Hé tenido la dicha de ser parte de ello.
Te doy las gracias, te admiro y te respeto: Amada Myrna.

A Myrna Renaud, Coreógrafa, Maestra, Artista, Amiga.

JOHANNA

Crecimos juntos,
como dos árboles con la misma raíz.
Ambos criaturas sensibles
compartiendo nuestro amor al Arte
para reír y llorar
y a pesar de los años y las vidas,
nuestras pasiones no terminan.

A través del celular,
aún compartimos nuestras hojas en los otoños
y aunque estemos lejos y ocupados
siempre nos recordamos.
Agradezco nuestra amistad
sobre todo al escucharme,
al igual que mis otras hermanas, Johanna,
hermanita del alma.

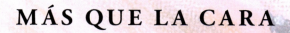

MÁS QUE LA CARA

Jamás había sido deslumbrado yo,
por la magia del papel,
cuyas fibras son capaces
así como sus manos
de conjurar un sueño,
crear un planeta
alimentar para dar vida a un ser (el que tú quieras).

Entes que son
que serán y que han sido
el Arte de imaginarlos
a muchos ha transmitido.

Como Próspero hecho mujer,
ha arrastrado sus sortilegios
entre sus túnicas de cristal,
entretejidas con la espuma de las olas,
desde el Hemisferio Sur hasta el Caribe
y me ha enseñado a nutrirme
aunque no se viva de la gloria.

Tenemos que escuchar sus pasos
así como un día lo hice yo,
cuando comprendí que todos
somos personajes en la gran comparsa
que no para de transitar
por las calles de la vida.

A Deborah Hunt: Teatrera, Maestra, Amiga

MASQUE

I have never been dazzled,
By the magic of paper
Its fibers are able
Just like her hands
To conjure a dream
Create a planet
To give life and nurture a being (anyone you wish)
Entities who are
Who will be, who have been
Along with her Art of infusing
Out imagination.

Like a feminine Prospero
She has dragged her sortilege
Within her glass cloaks
Woven by sea foam,
From the South Hemisphere to the Caribeean
And she taught me how to feed my soul
Even if you can't eat from glory

Let us follow her steps
As I did it one day,
When I understood
We all are part of the cast
Who walk the streets of Life.

To Deborah Hunt: Thespian, Teacher, Friend

INMENSO

Tomaste mi mano un día
y comenzamos a pintar
el gran lienzo de una nueva vida.

Te amo y te agradezco
me enseñaste que el amor se habla
y no sólo se gesticula,
que aún va más allá
de las palabras, los abrazos y los hechos,
que simplemente nunca
hay redundancia en eso.

Aún de manos tomadas,
exploramos el Universo en nuestras noches
las que pintamos caprichosamente
con nuestras propias estrellas
y tomando el finger paint del espacio,
nos pintamos uno al otro
desvaneciéndonos en la profundidad de nuestrso ojos;
tú en el negro de mi inmenso firmamento,
yo, en el inmenso verde de tu mar
como las aguas de las aguas
juntos por siempre.

PINTANDO EN LA COCINA

Vengo de un lugar
donde hasta la neblina tiene sabor
y se desvanece al oír a los requintos de la Plena
enaltecidos por la seudo-estática friendo manjares.

Como una especie de Macbeth
soy un auto proclamado rey en la cocina
sigo conquistando súbditos con la comida
y tengo que agradecer tener a mis amadas tres brujas
que sin querer auguraron mi corona
a través de los sabores que infundieron en mi boca
guardados hasta hoy
entre el créme brúlée de mis sesos
saliendo por las papilas a la hora indicada.

El sabor de mi tierra es inmortal
así como el recuerdo de la música que lo inspira:
"yo ví un diablo verde pinta'o en la cocina"
y ése soy yo,
el Macbeth criollo e informal, bufón, Egungun
Vegigante vestido de pimientos con corona de cebollas pícaras
recitando el mantra: "me amarás" y batiendo las caderas
salpico cada especia, cada dulzura y sobre todo,
el ingrediente invisible
el que aprendí a utilizar a través de mis tres brujas: Gloria, Julia y Tita,
el amor.

SPELLS AND SPILLS

(IN THE KITCHEN)

Even the fog has a taste in my island
It blends within the beats of the Plena
backgrounded with the sizzling sound of fritters in progress.

Like some sort of Macbeth,
I am a self proclaimed king in my kitchen
Conquering hearts with food
I appreciate my three loving witches who predicted my reign
via flavor infused in my tongue, still preserved
within my crème brûlée-made brain
coming out from taste buds at the right moment.

The flavor of my island is immortal
just as I recall the song inspiring it:
"I saw a green devil painted on the kitchen wall"
myself
the informal and tropical Macbeth; a jester, an Egungun
Vegigante dressed up with peppers and crowned with Spanish onions
reciting my mantra: "you will love me"
whipping my hips to the drum beats
pouring each spice, each sweetness and foremost
the invisible ingredient
granted by my three witches: Gloria, Julia and Tita:
love.

fantasías
fantasies

FANTASÍA 1
Castillos de Arena

Despertar

Luego de haber sentido que caí sobre la arena,
cual hojas desprendida.
Abrir mis ojos hallando el azul,
de mar y de cielo...así como tu nombre.

Advertir de pronto
que corres hacia mí flotando sobre la arena,
cubierta por sólo un retazo de olas, de espuma.

Corro al ver que te acercas, hasta perderme
dejando huellas blancas, de hormonas y sal.
Y tu voz en truenos retumba mi nombre
inmenso y azul; así como el mar.

Lejos, muy lejos,
he hecho un castillo de arena,
en el que estoy sepultado.
Mi corazón se encerró en la alta torre de ansias
que espera erguida por tí:
tienes la llave.

Llave de besos y caricias
de labios húmedos y tibios
que al final,
logran liberar a las palomas blancas de nuestro amor libre.

Entonces corres
ocultando madreperlas bajo tu cuerpo arrecife,

bordeado de olas, de espuma, de sol.

Llego
me sumerjo, te respiro
floto entre tus aguas, las olas se sublevan, nos arropan
y nos funden en el sueño.
Despertar
cayendo sobre la arena
abriéndonos uno al otro una vez más
en la playa de nuestros sueños.

FANTASY1
Sand Castles

To wake up...

After feeling my fall over the sand,
like a loose leaf.
To open my eyes finding the blue
of sea and sky...as blue as your name.

To suddenly learn
you're running towards me
hovering over the shore
dressed up by only one rag
made by sea foam

I run as you approach...vanishing
leaving white footprints of hormones and salt
and your thunder voice resounds my name
all as big and blue, just like the sea.

Far, far away...
I've built a castle
in which I am buried.
My heart is locked up
in the high tower of desire is waiting for you,
you have the key...

...of kisses and caresses
of moist and warm lips that at the end
liberate the white doves of our free love.

Then you run

hiding mother of pearls beneath your reef like body
surrounded by waves, sea foam and the sun,
I approach and submerge,
I breath you
float within your waters, the tide rises
it wraps us
and fuses us
so we can sleep.

To wake up...
Falling over sand
opening to each other one more time at the beach of our dreams.

FANTASÍA 2
El Vuelo

Nacer así,
con el amanecer, en primavera

ambos brotando de la misma espiga
en diferentes ríos.

Ir desdoblando nuestras alas,
con el más placentero y dulce dolor
ambos sabemos, que muy pronto, cuando un rayo de sol
quiebre el morado del alba,
levantaremos el vuelo tú desde tí
yo desde mí.

Volarás hasta tu rama
mientras yo en el trayecto,
cazaré para tí la mejor de las arañas.

Y hé llegado
en este vuelo sin tiempo, por un instante,
observo tu delicadeza
mientras observas la mía.

Entonces nos acercamos
terminamos de matar al animal entre nosostros
(Somos cómplices en el amor y el crimen)
juntamos nuestros órganos
y nos enfrascamos en lo que no sé cómo llamar:
Amor, Orgía, Gula, Perpetuación.

Sólo sé que nos gusta
y si Natura, ni la Biología estuviesen
presentes nos quedaríamos así, comiendo y hechos uno
para siempre.

FANTASY 2
Flight and Conquer

To be born, like this
along with the dawn
in springtime

both sprouting from the same twig
in different rivers.

To be unfolding our wings
is pleasurably painful
we both know, that sooner than later,
when the sunbeams
slice out the purples of the morning,
we will rise and fly...
you from yourself, me from my own.

You will land over your sprig
while I'll catch the best of the spiders for you.

I have arrived
on this timeless flight
and for an instant
I contemplate your gentleness
while you observe mine.

Then by getting closer
we finish killing the animal among us
(we are accomplices in love and crime)
we share our gamets
attaching each other to an unknown term to me:
love

orgy
gluttony
perpetuation

I only know we love this,
and if nature or Biology weren't ruling
we would keep ourselves like this
eating
mating
being one
forever.

FANTASÍA   3
Hot Cats on a Tin Roo f

¡A-já!
Te hé observado durante todo el día.
Tu hermosa y sensual silueta colorida.
Mis ya estrechas pupilas colapsan ante tí,
sobre todo, cuando pasas por mi lado
meneando tu rabo, que me deja su perfume
me pregunto quién será tu amo (si tienes).

Sigo tus pasos hasta ya entrada la noche...
A lo lejos se escuchan las voces, las malas serenatas
no importa
Son gatos comunes y corrientes
tipos que recitan la misma labia de siempre.

Esta noche
te luciré el más reluciente cuero
para conquistarte, bien sabes que puedo.

Te observo en la esquina,
adviertes mi llegada,
corres; me odias y me quieres,
tu perfume es una estela que me lleva hacia tí
mi perfume de obsesión se une con el tuyo
felino y femenino.

Huyendo te elevas sobre la casa de madera con techo de zinc
y me esperas ahí
tus verdes ojos nocturnos me dicen que sí
Salto,
llego hasta tí sigiloso,

espero y me lanzo sobre tí,
fogoso.

Te enredo con mi cola-látigo, nos rasgamos
y luego de seducirnos, cabalgo sobre tí,
con mi garrote de caballero medieval.
Nos mordemos con amor y con ansias y así permanecemos
hasta que ambos lanzamos al mundo nuestro más salvaje maullido,
bajo la luz de la luna...
piénsalo mami.

FANTASÍA 3
Hot Cats on a Tin Roof

¡A-ha!
I have been watching you all day.
Beautiful and sensual colorful silhouette
my already narrow pupils collapse with your presence
above all, when you walk by me
oscillating, shakin' that tail
leaving me your perfume
I wonder who's your master {if you have one}

I follow your steps until late at night
the meows and purrs have been left behind
they are just common stray cats
guys who recite
the same old and hackneyed words.

Tonight;
I'll wear my shiniest leather
to conquer you
you know I'm able.

I see you at the corner
you're aware of my arrival you run,
you hate me
and you love me,
your perfume a slipstream
wrapping me towards you
my obsession smell blend with yours:
feline.

Fleeting, you elevate

over the wooden house with a tin roof
and you await just still
your green nocturnal eyes
grant me a pass
I jump
to get closer, stealthy
and ardently dive into you.

I constrict you with my whip-tail,
we scratch each other
and after the seduction
I ride you,
with my medieval knight jousting stick
we bite each other anxiously and with love
keeping it up
while howling wildly
under the full moon light... yearn it, baby.

FANTASÍA 4
La Lluvia

Hay veces cuando nuestro amor parece imposible.
electrones extraños nos separan,
en conjunto con una inaudita distancia.
Somos demasiado diferentes.

Ya las gentes murmuran;
que lo nuestro es insólito
que jamás funcionará
mentira o verdad
que algún día acabará.

Nadie puede entendernos
es que nos amamos más allá de la humana y absurda razón
nadie puede entender,
que en esto sólo estamos tú y yo:
somos únicos.

Dánae y Zeus apasionados
en nuestro más privado momento.
{Sabemos}

Que a la hora del amor,
nublo mi presencia de nubes,
mientras tú vas subiendo al pico más alto
tornando tus negros ojos
a mi cúmulo excitado,
te va llegando mi más fresco aliento adornado de hojas
y mi cuerpo se va derramando sobre tí
en gotas de agua clara penetrando,
hurgándote el alma, tu vientre y tu corazón.

Sale el sol

Nos retiramos a nuestros aposentos
a pensarnos uno al otro;
a evocarnos e invocarnos
esperando sólo un pequeño descuido del sol,
para que abras tu ventana
yo hacerme lluvia
y caer entre tus brazos.

FANTASY 4
The Rain

Our love seems impossible, sometimes.
An oddity of electrons split us,
along with the staggering loud
thundering echo of distance.
We are different...

People whisper,
what we have is outlandish
it will never work,
an averted truth about to end.

No one understand
we love each other far beyond
human and absurd reason
Nobody comprehend
this is only a matter of you and me:
We are unique.

Passionate Danae and Zeus
in our most private moment.

{We know}

That at the time of our love,
I dress up in gray merging with the clouds,
while you climb to the highest peak
guiding your deep black eyes
towards my lightning sparkled cumulus;
receive my freshest breath, adorned with leaves
and my body spills over you

within clear water drops
reaching your heart and soul.

Here comes the sun...
We retire to our own chambers
thinking about each other;
to evoke and invoke
waiting,
for just a little slip of the sun,
therefore, open your window
as I become rain
and fall into your arms.

LA MAQUINARIA DE UNA VIDA

Vivimos dentro de un reloj.
Somos agujas que el tiempo titiritero
empuja hacia la derecha
mientras nuestros cuerpos se ajan
pretendiendo detenerlo.

Tenemos que avanzar
construir la ciudad
hacernos un buen lugar
para habitar, brillar, funcionar
y por último, amar.

Asumimos una imagen
que más vale sea la misma,
pues un pétalo distinto
nos marchita la existencia.

Formamos miles de tribus
ocultas en nuestras propias selvas
con taparrabos adquiridos en Plaza
lenguas de doble filo
y lanzas atómicas que nos ponen a la par con Superman
para luchar por la justicia del yo
mutando a natura, a la Tierra
volando a distantes planetas.

Necesitamos cambiar los espejos
para vernos de verdad.
Ver que somos Transformers de múltiple función,
con mirada de cristal líquido,
cajas registradoras de sistema digital

y un texto nos desplaza a mayor velocidad.

Construimos un templo
para que nos dé una esperanza
y la cruz ver-neón
sobre el altar se levanta,
su débil luz sólo roza nuestras neuronas
y por pertenecer, la voz de nuestras almas recicladas, canta.
Deseamos llorar
hasta por la salvación se paga.

La marca de la bestia ya está impresa.
El amor y las células se mercadean.

{Hay muchos Prometeos encadenados
Y Poetas con las alas trasquiladas}

Parece que importa todo lo demás
menos la vida,
la real belleza
y la poesía.

THE MACHINERY OF LIFE

We live within a clock.
Hands ticking right-wise obeying time - our puppet master
skins wrinkle trying to stop it.

We must run to build this city
a good place to dwell, function, shine and love.

We are portraying an image
[It better be] identical
to be divergent is to fail.

We form thousands of tribes
hidden in our own jungles
loin cloths from Neiman-Marcus
reptilian tongues and atomic spears
burly as Superman - up and away for self justice;
mutating nature, reaching distant planets.

We need to change our mirrors
to look at our real self
multiple funcion Transformers with LCDs
digital system registers
cellphones, pagers and tablets make us fly
at the speed of light.

We are building a temple
to bring us hope
the weak gree-on light on the cross
rises over our neurons
recycling singing souls
paying for salvation.

The mark of the beast is stamped.
Love and cells are on the market.

Graveyard of chained Prometheus'
Poets with sheared wings.

Should not be living, true beauty and poetry,
the drive of this machine?

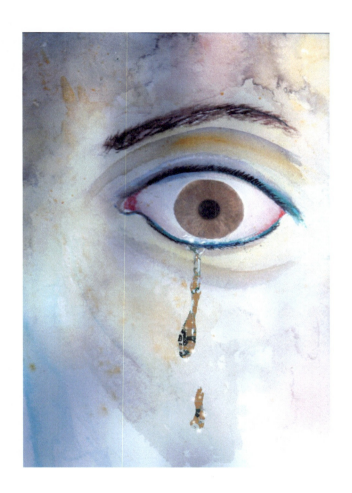

0

Marcados desde el nacimiento
recorremos una historia
que no sabemos es nuestra.

Nueve dígitos hurgando al alma como nueve flechas
nueve ángeles o demonios que dictan tu existencia.

Tienes que, tienes que, tienes que

Enerva a tu oído un consejo metálico
un concierto frío de ritmo eléctrico
produciendo vértigo
a un azul planeta fanático
un computador erótico y báquico.

Marcados desde el nacimiento
Crece, Produce, Cásate, Reprodúcete, sé rico,
lógico, vive por fé numerica, no oses envejecer,
no oses sentir ni padecer
y al final: Muérete.

Marcados desde el nacimiento
marchamos en hileras al compás de las cadenas.
Marcados, un sello
cual discerniente y pensante ganado.

0

A mark, like bloodline
runs out a history
unconsciously we carry it
and it is not ours.

Nine digits grazing souls within their edges
sharp and pointy as arrows
nine angels or demons
dictators of our existence.

You have to, you must, you might

A metallic advice enervates the eardrum
a cold, electric concert produces vertigo
flying us down to a blue fanatic planet
archived within erotic and bacchic computer panels.

Branded at birth.
Grow, produce, get married, reproduce, be rich, be logical
paint your faith by numbers
don't grow old
don't dare to feel, to undergo
then, depart.

With our mark, bloodline
we march among tight lines
to the rhythmic clinging of chains
branded discerning cattle with our seal.

ESTRÉS

"And we'll never, never survive unless; we get a little crazy"
Seal

Amanece.
Un nuevo día se cuela por la ventana.
Las seis de la mañana
y me levanto al son de las noticias
noventa por ciento malas.
Me miro al espejo
me levanté con mi pelo,
como puerco espín en celo.

No soy punk, es fenómeno natural.
Soy parecido
bien parecido
a un dios africano en su habitat natural.
Sus genes han venido rebotando sobre las olas.
Me pongo mi armadura gris con pintas verdes
gotas de esperanza.

En la calle grito, lloro, peleo, caigo, embisto.

Es la noche
regreso a mi casa exhausto
enciendo el televisor
tres minutos de noticias difíciles de aguantar.
Me desnudo
me miro al espejo
y me acuesto con mi pelo
como puerco espín en celo.

STRESS

"And we'll never, never survive unless; we get a little crazy"

Seal

Dawn.

A new day slips through the window
six o'clock in the morning
and I wake up to the beat
of ninety percent bad news.

In the mirror I found spiky hair
like a porcupine in heat.

I ain't punk
this is a natural phenomenon.
I'm gorgeous
an african god in his natural habitat.
These genes have arrived bouncing over the sea waves.

I wear my gray armor with green polka dots,
drops of hope.

On the streets I shout, cry, fight, fall and charge

It's the night
I return to the house exhausted
turn on the TV and endure
only three minutes of unbearable news
undress
look into the mirror
and lay down with my spiky hair,
like a porcupine in heat.

FLOR MECÁNICA

Abre.
Cierra.
Abre.
Cierra.
Abre, mi corazón como una flor que rechina
Adolorida
De pétalos mohosos por el tiempo, por el amor
por exceso de uso, amar sin medida,
a un robot de acero inoxidable
que casi llega a quemas mis cables.

Desaté toda mi fuerza biónica
lo negativo de mis polos
los lanzallamas de mis ojos
rechazando al stock de amores equivalentes.

Activé mis metálicas garras,
rasgando, escarbando, auscultando los pechos
celuloides de piel sintética
rebasando el músculo y la sangre,
en busca de otro corazón-flor.

Me queda una flor mecánica con polen de ceniza.
Cansado de esperar, escuchando el tic-tac,
recibe una gota de WD-40 para probar que
Cierra.
Abre.
Cierra.
Abre.
Cierra. Jamás abras.

MECHANICAL FLOWER

Open.
Close.
Open.
Close.

Open, my heart like a screeching flower
in pain.
Rusty petals in time, due to love,
the excess of use without measurement or boundaries
loving a stainless steel robot
who almost burn my cables.

All my bionic force unleashed
dismissed the negative of my poles
and the flamethrowers of my eyes
rejected the stock
of equivalent loves.

My metal paws
scratching and searching
the cell-like thorax of synthetic skin
trespassing muscle and blood,
looking for another flower-heart.

Mine, a mechanical flower with pollen made ashes
tired of waiting, hearing the tic-tac,
receiving a drop of WD-40 to prove that
Closes.

Open.
Close.
Open.
Close, and never open again.

FIEBRE ONDULANTE

Esta mañana me rechinaron los párpados al despertar.
Hoy me siento de lata
aquel hombre del Mago de Oz
con el corazón oxidado de amarte.

Frente al espejo ovalado,
peino mis caracolitos de acero
y la camisa cae fría sobre las tetillas galvanizadas.
Mis ojos centellean cuando te pienso
humedezco mis labios y el brillo es evidente
me miro una vez más
y voy en pos de tí.
voy a decirte que te odio
voy a decirte adiós
y te veo bajo la red de cables
mientras el humo escapa de las chimeneas
cual genio maligno de una botella.

Te observo.
Tus rizos alborotados de alambre
tu mirada láser
tus labios de plata
entonces te percibo de lata
y es cuando más me acerco a tí...
aún más todavía.

UNDULANT FEVER

I woke up with squeaky eyes.
Today I feel made out of tin
escaped from the land of Oz
with a rusty heart, loving you.

Into the floating mirror,
I comb my steel nappy hair
the cold tin foil vest falls over the galvanized nipples.
My eyes light up with your spark
I lube my lips-shinning is evident-look again,
and I'm on the hunt for you,
I will tell you that I hate you,
I will say goodbye
but I see you
beneath the web of wires and cables slicing up the sky,
while smoke blooms out of chimneys and pipes
an evil genius out from a bottle.

I observe you
frizzed wire hair, silver lips,
laser eyes contemplating me
then I perceive you made of tin
that's when I love you more
even more so.

SOLILOQUIO

Esta noche
el silencio arresta a toda voz
toda criatura espera,
atisban ocultas entre flores negras.

Esta noche
mi vieja amiga Soledad
ha llegado flotando hasta el umbral de mi puerta.
Su silueta negra de mujer hermosa
se detiene eclipsando al mercurio de los postes.
Trae en sus manos una tea, una flor
cierta dulzura, cierto calor
y su voz sin rostro me reclama
que ya casi la olvidaba
que ella es mi destino
que tarde o temprano regresaría a mí.

Esta noche
el fuego en sus manos enciende mi memoria:
navegué, naufragué
en un mar de Poesía
y después de renacer
me arrebataron el cuerpo
liviano, translúcido, fluído
sólo así te veo, te siento querida Soledad
y te agradezco mi amiga
por despertarme siempre con un beso de malicia
haciéndome omnisciente.

Esta noche
me muestras el mundo de criaturas nebulosas

recreando el suceso que te hizo regresar:
he sido seducido por ajenas ideas
y ronroneos al oído
capturando mi esencia con pericia,
con sigilo.

Gatúbela se pasea por los tejados calientes,
castró al león como cetro
y lleva las alas rasgadas de Batman como capa
para subir al trono de una selva que es libre.

Ahora sólo queda una sombra
sólo queda una queja
sólo me quedas tú, Soledad
toma mi mano y hazme fuerte,
vísteme de negro para vivir esta noche
en el mundo de las siluetas.

AURA

El despertar deslumbra como el fulgor de tus ojos.
La noche, océano a oscuras lleno de plancton fluorescente
me sumerje entre sus aguas de paz y soledad.

La casa, azul y vacío rincón matizado de recuerdos
del amor y la vida
tu foto se ilumina con la luz de los postes
y la danza del televisor:
Madonna canta Vogue.
Aún no he dejado de pensar en tí
bajo esta luna extraña,
entrecortada por las antenas de mi calle
que parece campo santo.

Entonces te siento
como antes
cuando andaba de tu mano y el tiempo se escurría entre ellas.
Cuando reías, cantabas y llorabas;
cuando proferías la más bella palabra: Dios.

Te siento
escucho un batir de alas
fuerza, electricidad, vibración
{Las libélulas son ángeles sencillos que te escoltan}
te haces palpable, más allá del Kirlian sobre las hojas
es que me queda tu olor, tu suavidad
y algún secreto lenguaje
que antes fué tu voz.

Te siento,
aún me quedan translúcidas huellas
en el sillón, el suelo y el umbral
vibración
destello fugaz:
tu presencia.

1. Kirlian- Técnica de detección de niveles de energía de los organismos reflejada en forma de aureola.

HALO

The fire in your eyes wakes me up.
The night, a dark ocean plenty of fluorescent plankton
sinks me in waters of peace and loneliness.

The house, a blue and empty corner touched with memories
life and love.
A set of lights irradiates the room and your picture
lampposts and the TV: Madonna performs Vogue.
I think about you
beneath this looney moon
slashed by the antenna silhouettes on my street
lonely as a graveyard.

I feel you
memories of our walks, holding your hand
while time slipped through them
your laughter and songs,
your sadness and prayers.

I feel you
hear flutter
force, vibration, electricity
{dragonflies are simple angels escorting you}
now you are here
tangible beyond the Kirlian[1] on leaf.
With me, your smell, your softness
a secret language that used to be your voice.

I feel you.
translucent imprints
on the rocking chair, the floor, the hallway
your presence and love
indelible.

1. Kirlian- An imaging technique detecting energy levels in form of a halo of light around living organisms.

EMPTY

Death. Silence.

And it is not the same anymore.

ANDRÓGINO

¿Qué me ves?
No temas, no exclames, no digas nada
somos viejos, muy viejos
creados desde el primer día
antes que el resto de los seres vivientes
de este pequeño planeta.
Somos lo que somos, no lo podemos evitar
así vinimos del polvo y así hemos de regresar
no juzgues,
no somos responsables de nuestra estructura molecular.
Él, Ella, Ella, Él
¿Tu sabes?
Es sólo lo que ves,
lo demás no importa
es cuestión de lo que se sienta
y usted no lo sabe.

Somos criaturas eternas,
como una sola viajando a través del tiempo.
Nos encuentras dondequiera:
Caravaggio
Da Vinci
El Greco
Miguel Ángel
Rafael
y otros más que seguramente has podido ver
probablemente sin entender.
No temas
sucede que ahora somos más
en imagen tridimensional,
moviéndonos, vibrando, sintiendo, viviendo.

Él, Ella, Ella, Él
¿Sabes tú?
Es sólo lo que ves,
nuetra manera de amar no importa

Quizás no hemos sido tocados
gracias a nuestro look celestial
terror, risa o compasión
que han inspirado nuestros cuerpos
son retrato viviente de adolescencia tatuada
organismo en desarrollo,
deforme, dirá
usted, que no nos puede entender.

¿Qué me ves?
No temas, no exclames, no hables, somos viejos muy viejos
seres latentes entre los cromosomas de aquel, aquella, el otro, cualquiera;
de usted,
de la humanidad
desde siempre, hasta siempre.

ANDROGYNOUS

Do you see?
Don't be afraid, don't scream, be silent
we are old, very old
created before the living
on this very small planet.

We are what we are, we can't help it.
That's how we are made of dust and that's how we're going back
don't judge
we are not responsible for our molecular stack.
He or she? Who knows. What you see is what you get
it's just a matter of feeling.

Eternal creatures
traveling through time as one
you find us everywhere:
Caravaggio
Da Vinci
El Greco
Michaelangelo
Raphael
and many others you could surely contemplate,
maybe in a puzzled state.

Don't loath
we are more nowadays
in a three-dimensional way
vibrating, moving, feeling, living
She or he? who knows

Our ways of loving don't matter

perhaps, due to our celestial look,
our silhouettes inspire
laughter
horror
compassion
tattooed adolescence
our yet developing organism

Outlandish you may say

But what are you looking at?
Be still, fear not
we are old, very old
existing among the chromosomes
of his, hers, the other and anyone
yourself and the humanity
for ever and ever.

RIPPLED   REFLECTIONS
(MEANDTHEOTHER)

Sprucing up,
unfolding the wings over the water
a prelude to the flight

You are not taller than me,
but I'm on a higher plane
A shrewd untamed,
A gentleman in many ways
too polite perhaps, that's why you're candid
close to Voltaire's and Peter Pan combined
someone who had fled
closer to the heavens.

But you've become shorter than me
the size of a bug,
that appendage from Kafka
who just barely hatched,
turning yourself into a shadow
lurking among leaves in the night.

Your hands give nothing
While mine brings Art
your voice speaks nonsense
but mine paints truth from the heart.
Maybe I'm not that smart,
but I know what you don't.

You are considered low-life
because I bend my knees and pray
elevating our essence
to the light above our minds.

THE WATER BRIDGE

The flickering silver creatures that dance on water
electrify my memories of you holding me
giving me to the light, to the sea
my true baptism.

Your rugged hands
showing me how to multiply the fish
one by one
river or beach.

About the day I truly discovered the world
our hands submerged together
underneath the black sands digging clams
the hippie commune in the distance created the rainbow
as they leaped and danced
to the Aquarius song:
"Let the sunshine in"
and Lola, their goddess
emerges from water,
newborn as Boticelli's
filling our buckets with more clams
overflowing the world with love
making my toy plane evanesce.

Remember your strong diver's body on the boat
our very few odysseys
conquering the blue-greens along with Poseidon
and I wish we asked for more.

Then the water bridge appeared
flying towards us

with its distance, ideas and time charged wings,
with its heavy anchor of forgetful disease
making you to not know me
as I don't know you anymore
sailing away from each other, until the end.

As I walk this shore
memories of manly screams demanding manhood
oscillate within the waves hitting the rocks
and I see you,
standing over the water bridge
dressed up by a mist extending your arms
I feel you,
an embrace is brought within the sea breeze
adorned with scales and diamonds of salt.

I close my eyes
a smile and a tear
Thanks
for simply loving me
I'll never forget you.

EL ANCÓN

En mi verdadero bautismo,
el agua ondeaba sus lentejuelas plateadas
chispeando mi memoria
de cuando me dabas a la luz y al mar.

Tus manos escarpadas
mostrándome como multiplicar a los peces
uno por uno
en el río, en el mar.

Del día en que realmente descubrí al mundo
al pescar almejas
Los hippies creaban al arcoiris
a salto y danza al ritmo de Acuario:
"Let the Sunshine in"
mientras Lola, la diosa
emergía de la aguas
lozana, recién nacida a lo Botticelli
rebosando nuestras cestas con más almejas desvaneciendo juguetes
al permear de amor al mundo.

Recuerdo
tu fuerte y hermoso cuerpo al nado
nuestras pocas odiseas
conquistando al azul-verdoso junto a Poseidón
y hubiéramos querido más.

Mas llegó el ancón
volando hacia nosotros
lleno de distancia, de ideas, con alas cargadas de tiempo
y su pesada ancla del mal de olvido

ya no nos conocemos
navegamos corrientes separadas
hasta el horizonte, hasta el final.

Al caminar esta orilla
recuerdo vigorosos alaridos por respeto
que vienen danzando entre las olas
y te veo sobre el ancón
vestido de neblina y rocío,
de manos extendidas
la brisa del mar nos funde en un abrazo
adornado con escamas y diamantes de sal.

Cierro mis ojos
se escapa una lágrima
se escapa una sonrisa
Gracias, simplemente me amaste
te quedas en mi corazón
jamás te olvidaré.

SWIRL

I have received a gift.
Opened a new door with it.
Light travels, I fly
time unfolds, shadows collide
tongues bless and praise
fingers cure and condemn.

All comes and goes, again and again.

A snail drags me up within its vortex,
upstairs to your heart
jumping out of your ear while you waltz.

All comes and goes, again and again.

Seven monks are spinning for God
while numbers and molecules self array painting the sky
and I sublime within the vapors
reaching the wind and rushing your smell
shaping clouds with dust and feathers
a perfect scheme from the heights.

Whatever will be, it won't
misplace, replace, stir, whisk!

All comes and goes again and again.

Fingers draw, condemn, cure
tongues clean, praise and bless
shadows collide, intersect
time folds, I descend, light departs
I have closed the door,
my gift.

PHYSIOLOGY OF DUSK

Flutter
within the silence
overlapping the scream of dreams.
Lit up, like a shooting star, cruising the sky it goes
Hair, full of fireflies, cuts the wind.
Burning up
Illuminating the wings of the night
a giant black velvet moth with diamonds at sight
had just stopped by.

Constantly, they collide
Deeply...
Reaching out their negative voids and blue domes
Concave
Convex
Bursting into millions of fluorescent sperms
lighting up oxides and leaves,
sounds and cells,

and every heartbeat under our eyelids.

FISIOLOGÍA CREPUSCULAR

Batir de alas
entre el silencio
sobrecogen al grito de los sueños
Encendido, cual estrella fugaz, viaja el Sol
su pelo rebozante de cocuyos corta al viento
Su quema ilumina
a la alas de la noche
polilla negra aterciopelada llena de diamantes
que ha venido a posarse.

Constantemente y a sutil colisión, se profundizan
Alcanzando a su vacío negativo, a sus domos azules
Cóncavo
Convexo
Que estalla en millones de espermas flourescentes
alumbrando a las hojas y sus óxidos
a los sonidos, a las células
y a cada latido bajo nuestros párpados.

SEGMENTS
(ATTHECLUB)

Umbra.
Penumbra.
Dark.
Light.
Dark, slash light interrupted.

Artificial lightning, splitting us all into colored pieces.
Sweat reflected, stirred with glitter
shattered bodies, flying teeth like fugitive comets
driven by the purple black lights and trapped in mirrors.

Heartbeats.
Along with the drums,
bass,
the rhythm of creation bringing up an example
of an Exquisite Corpse.
Lips, Nails, Tongues cleaning each other
or exchanging thoughts
man to woman, man to man, woman to woman
almost no one is watching
but all is contained in the dew on your drinking glass.

Treble. Smoke.
Screams, laughter,
howling at the pace of the hottest tune
cleavage wiggles,
tattoos become alive tonight
while you can catch some avid eyes
scanning, searching as someone else's hand dares to touch you,
just to see what you've got.

Music nails the neurons
Ecstatic process
this whole exquisite corpse dances and prances,
arresting me in its delirium!

But I miss You.
Then I perceive your softness and sweetness
guiding me to the darkest aisle at the left.
The lighting vanishes when I find a feather.
Bass is lower
treble screams no more
light interrupted,
dark, darker, darkest
light disrupts
as you take me out
and cradle me beneath your wings.

TRINITY OF FREEDOM

Alpha One

An oscillating pendullum
a drop has been shot out from the sky
it had trespassed the ceiling, clashing on the floor
a heartbeat per second: my clock-heart is still.

A fluorescent dragonfly came out, escaped from the night
landing over my stomach to share its light
to illuminate, showing me my own intestines
with the color of gravity
that arrests me in its journey.

All is dark now, spinning and blurring.
A heartbeat, a second, a drop, a pendulum, guts:
And I have returned to be born
up from a dew-drop, among giant leaves
breathing a soft sweet breeze,
listening to distant, delicate drumbeats
while the river opens, as I walk through it,
as a Zambi.

TRINITY OF FREEDOM

Beta

Giant lines of shine and color invade my eyes.
Some soft, delicate, translucent
colliding, penetrating, mixing dark and light
within iridescent layers
allowing diamond sparkles flow
small burning new suns.

All appears as I hear Your Voice

They're surrounded by some dark
shiny and slick forests of sharp pointy swords
which offer me no menace
it's just reflecting the blues of this night
it's just being bathed
underneath the river of sparkles and salt.

And Your Call grows stronger

Giant lines of shine and color
draw into my skin map
with its dark slick borders
moving, beating, trembling
slowly turning into oily dunes
vibrating, pulsating, breathing.

Giant lines of shine and dark
eyelids, lashes
dunes my bones and muscles
rivers, tears that always manage to escape.

All smaller as I recede, upwards to the ceiling
as I feel Your Touch.

TRINITY OF FREEDOM

Omega

This time, I weep in anticipation
making my baggage lighter.

I'm taking off.
Discovering depth within the darkness
textures within the moisture
tasting dry and wet leaves
dwelling among the sprouts and seeds
hearing the insects crawl
nanometers close to me.

I'm running.
From appetites and numbers which degrade
(this journey dissolves the blame).

I'm sleeping now.
Earth embraces me
and I'm shared among the annelids
 as I nurture the trees
while undressing my skin.

I'm feeling new.
Crumbling among the stones
feeding the snails, decreasing
giving birth to the mushrooms
while I listen to the call of the sun.

I'm floating now.
I hear the harmony of this eternal love song
while I live within the colors,
traveling across the sky
to sigh out my liberty!

IN THE THRESHOLD

"If there's anyone here,
make yourself known"...

I sense the void
sliding through the darkness of this room
I feel you,
although my mind and my soul
wonder who you are.

I can lightly hear some steps
coming back and forth
abrading the floor
with glistening heartbeats
within the dust.

I can smell your breath of altar lilies
the empty vase to my right
slips out in the penumbra
electricity overcomes
borrowed from the outside storm
and your breath of chill
spits moths of dread
it alters.

I see the tiny light
floating close to the threshold
and mesmerized I follow
trying to reach with my arm
asking who can it be:
vestige, memory, or just a thought
only to find that I
was watching over me.

THRESHOLDS

"There's more than one in here"

Eerie feelings as I walk these hallways
slow winds agitate the window treatments
fabricated with the flutter of ravens
superimposed over the gray sky
sifting through the broken glass.

Unrecognizable oxygen
while I try to catch the light,
tarnished by time as it flickers
tungsten with its last breath
showing me the world of moths
that linger among black feathers
who feed the walking shadows attempting to dress me up
 with their unitards of emptiness and despair.

My walk is heavy
there is more than one in here
I trespass thresholds as I watch myself through blackened mirrors
I can see the others
floating and flying fast, lurking in the corners,
dressed in black, in white
some trying to eat from fear
others feeding upon dried flowers
grazing my skin while the clock marches backwards at the speed of

Light
through another passage, the door downstairs descends
to the overgrown Maelström
fed up on souls and exuding orbs;

offering a glimpse of red eyes
tired of bleeding a lost love
and thirsty for more, spews a scream, a lament
orbs escape as dragonflies
through the remains of the back door,
where some angels await,
for me to overcome

the threshold of this test.

"I remember that the stars spoke to me once
about a sight-less, untraveled, buried corner
Somewhat like a world stuck on its history,
like a lost, misled trill, like a wing without a bird"
                                    Julia De Burgos

ECHOES

As I walk pass the threshold
see the angels disappear
only their flutter blends among black leaves
dark canopy filling this empty night.

When walking this valley
footsteps reverberate deep into the ground
swallowed by undead whispers and crumbling stones
humidified with tears past and present
as the rotten fingers emerge,
reaching the shards of my feet.

These dead poke my soul
white fireflies of sorrow emerge
orbs explode like particles of winter
freezing the vestige of this heart
calling my name.

Shadows sigh from the distance
sounds wave moss out of my ears
dressing up the shallow grave that awaits.

Nevertheless,
I am unearthed
this old robe of blood and ashes descends
I extend my arms to reach the echoes
voice of Archangels calling my new name
ascending closer to the light
the grant of a new life.

"I am not worthy to have you come under my roof;
but only say a word, and my soul shall be healed"
Matthew 8:8

RISE

A minute ray of light
glistens like a distance star right to my eyes
the thresholds, they have been left behind
as the whispers travel, getting closer.

Darkness, a blur, un-mystifying
the terminal concoction of blood, sweat and tears;
pain inflicted by thorny tongues
as we march, slowly,
at the pace and rhythm of the sands of time
while other hands push, while other hands dress us
shrounds of linen, growing us tired.

Existence, Resistance
through this sealed sepulcher we have endured.
Now the whispers sound higher
darkness is loud silence kept within the stone,
as patience brings the light closer to us;
tearing the old exoskeleton,
linen impels us trying to live.

The little ray of light
gets closer to our eyes
as for the whispers,
songs paced along the drums of thunder
the angels carrying voices within swords of lightning
their octaves proclaim
Somebody gave his soul, to be among us;
we have never been alone, and we will never be.

Penumbra disrupted.
Windows present as we listen,
the stones crumble as the splinters close,
Chorus louder
Thunder thrills us
"Talita cumi, Come forth!"
so then we feel its warmth!
A thunder with an echo;
 Jesus tells us we are better!

RISE!

ECDISIS³

He desplegado mis alas coloridas,
He abierto mis párpados, mientras mis ojos
 rompen la niebla de pellejo viejo

Y el infinito es mío.

ECDYSIS³

My colorful wings,
unfolded
My eyes,
Opened
ripping out the old, chafing skin fog

Infinite is mine.

Ángel Santos, born and raised in Puerto Rico. Ángel has degrees in Natural Science and Medical Technology from the University of Puerto Rico. During his journey he became well versed in Literature, obtaining awards in the Short Story and Poetry genres. Published Short Story in MAIRENA MAGAZINE (1988) and ENTRE NOUS Quarterly Journal (1997). Also, degrees in Animation Art & Design with Special Effects (USA). Collaborated with MASKHUNT, INC. (Theater) and EN SITU DANZA (Performing Arts/Modern Dance); among other commissions and volunteering. Ángel is an eternal curious who creates Artwork that carry elements from Science and Art employing symbolism as part of his message. His Poetry is the strongest example.

Ángel Santos es oriundo de Puerto Rico. Ángel completó grados en Ciencias Naturales y Tecnología Médica de la Universidad de Puerto Rico. Como parte de su viaje por la vida, se enamoró de las letras, obteniendo así premios en los géneros de Cuento y Poesía (1988) con publicaciones en la Revista MAIRENA y ENTRE NOUS – Periódico Independiente trimestral (1997). También posee grados en Animación y Diseño con Efectos Especiales (E.U.). Ha colaborado con la compañía de teatro MASKHUNT y con EN SITU DANZA (Arte Representativo y Danza) entre otras comisiones y proyectos de voluntariado. Ángel es un eterno curioso intelectual que produce trabajos de Arte en donde une elementos científicos y de la plástica, usando el simbolismo como la vía de transmitir su mensaje. Su poesía es una feaciente muestra de ello.